Zwei klitzekleine Miezekatzen schleichen leis' auf ihren Tatzen ...

KLANGGESCHICHTEN ZUR SPRACHFÖRDERUNG IN DER KRIPPE

Kati Breuer

Verlag an der Ruhr

IMPRESSUM

Titel
Zwei klitzekleine Miezekatzen schleichen leis'
auf ihren Tatzen …
*Klanggeschichten zur Sprachförderung in der
Krippe*

Autorin
Kati Breuer

Titelfoto
Kati Breuer

Illustrationen
Anja Boretzki

Innengestaltung
Markus Schmitz, Altenberge

Verlag an der Ruhr
Mülheim an der Ruhr
www.verlagruhr.de

Geeignet für die Altersstufen 1–4

Unser Beitrag zum Umweltschutz

Wir sind seit 2008 ein ÖKOPROFIT®-Betrieb und setzen uns damit aktiv für den Umweltschutz ein. Das ÖKOPROFIT®-Projekt unterstützt Betriebe dabei, die Umwelt durch nachhaltiges Wirtschaften zu entlasten.
Unsere Produkte sind grundsätzlich auf chlorfrei gebleichtes und nach Umweltschutzstandards zertifiziertes Papier gedruckt.

© **Verlag an der Ruhr 2011**
ISBN 978-3-8346-0850-5

Printed in Germany

INHALT

Ein paar Worte vorab ...

Liebe Leserin, lieber Leser,

Klanggeschichten schon mit den Kleinsten in der Krippe, und das soll funktionieren? Ich kann Ihnen sagen: Oh ja, das funktioniert, und wie!

Einfache, kurze Texte, wenige Instrumente und etwas Geduld, mehr braucht es nicht, um schon mit Einjährigen viel Freude am gemeinsamen musikalischen Tun zu haben. Auf Perfektion kommt es dabei ja gar nicht an, sondern es geht in erster Linie um den Spaß an der Sache.

Spielerisch findet hier nicht nur Sprachförderung statt, auch andere Lernbereiche werden gefördert: Viele Instrumente erfordern (fein-)motorische Geschicklichkeit, die Kinder lernen sich zu konzentrieren, abzuwarten, gemeinsam zu spielen oder auch mal den Mut zu haben, alleine vor der Gruppe zu musizieren.

Sie finden in diesem Buch viele Anregungen zum Musizieren mit Kleinkindern. Bitte betrachten Sie sie als das, was sie sein sollen: Ein Fundus an Ideen und Anregungen, keine fertigen Rezepte, die Sie unbedingt wortgetreu „nachkochen" müssen. Jeder Text darf verändert, gekürzt oder erweitert werden, jedes der vorgeschlagenen Instrumente durch ein anderes ersetzt werden. Selbst wenn sie gar keine Instrumente zur Verfügung haben, können Sie die Klanggeschichten umsetzen: Verwenden Sie dann einfach Alltagsgegenstände, Naturmaterialien oder selbst gebastelte Rasseln und Trommeln. Sogar mit dem eigenen Körper können Sie und die Kinder viele unterschiedliche Geräusche machen, wenn Sie klatschen, patschen, stampfen oder auf Ihren Bauch trommeln. Wichtig ist das Erlebnis, nicht das Ergebnis!

In diesem Sinne wünsche ich Ihnen viel Freude mit diesem Buch und ein fröhliches Klappern, Klopfen und Klingeln in Ihrer Gruppe.

Musikalische Grüße

Kati Breuer

Mit den Kleinsten musizieren

Alle Kleinkinder haben in gewisser Weise musikalische Vorerfahrungen. Sei es das Schlaflied, das die Mutter ihnen abends singt, das Singen zu Beginn des Morgenkreises in der Krippe oder das fröhliche Trommeln auf der Spielzeugkiste – Musik spielt im Lebensumfeld der Kinder eine große Rolle. Nutzen Sie diese Freude der Kinder am Trommeln, Klappern und Rasseln für kleine Musikspiele und die ersten Klanggeschichten!

Lassen Sie die Kinder am besten zunächst eine Weile frei mit Musikinstrumenten experimentieren. Dabei sollten Sie nicht zu viele Instrumente gleichzeitig zur Verfügung stellen und evtl. auch nur mit einer Kleingruppe arbeiten, damit es nicht zu laut und unübersichtlich wird. Vielleicht gibt es ja die Möglichkeit, das Begrüßungslied im Morgenkreis einmal mit (wenigen) Instrumenten zu begleiten oder die Namen der Kinder reihum auf Trommeln zu spielen. Sie können einfache Rasseln basteln und damit musizieren oder zu bekannten Versen rhythmisch klatschen und stampfen.

Haben die Kinder bereits ein wenig Erfahrung mit Musikinstrumenten gesammelt, probieren Sie doch einfach einmal eine der Klanggeschichten aus diesem Buch aus:

Bei den einfachsten Klanggeschichten geht es häufig zunächst nur um den Wechsel zwischen Musikmachen und Stillsein (z. B. in „Hier in unsrer Gruppe"). Für die Jüngsten ist das eine große Leistung, eine Rassel oder eine Trommel in der Hand zu haben, sich aber zurückzuhalten und nur dann zu spielen, wenn es der Text verlangt. Das erfordert sehr viel Konzentration und Geduld. Toll, wenn ein Krippenkind beides schon aufbringt!

Unterstützen Sie die Kinder, indem Sie besonders langsam und deutlich sprechen und in den Zeilen, die nicht begleitet werden sollen, eine Leise-Geste machen. Hilfreich ist es außerdem, wenn Sie ebenfalls ein Instrument verwenden und damit den Text begleiten. Die Kinder können sich so an Ihrem Verhalten orientieren und es nachahmen.

Das Prinzip des Wechsels zwischen Spielen und Stillhalten können Sie übrigens auch gut auf das Singen übertragen. Viele klassische Kinderlieder haben einen deutlich erkennbaren Refrain, den die Kleinen mit Instrumenten begleiten können, während sie sie in den Strophen stillhalten. Wählen Sie die Lieder je nach Alter und Entwicklungsstand Ihrer Gruppe aus. Gut eignen sich solche, deren Refrain einen ganz einfachen Text haben, z. B. „Wir Fröschelein" oder „Ein Vogel wollte Hochzeit machen".

Geschichten, die mit verschiedenen Instrumenten begleitet werden, sind dagegen schon eine etwas größere Herausforderung (z. B. „Der Esel macht I-Ah"). Hier teilen Sie entweder die Kinder in zwei Gruppen auf, von denen jede eine Sorte Instrumente erhält, oder Sie übernehmen selbst den einen Part und die Kinder gemeinsam den zweiten.

Zu guter Letzt finden Sie in diesem Buch auch Geschichten, bei denen nur ein einziges Instrument verwendet wird, das die Kinder abwechselnd spielen sollen (z. B. „Halli-halli-hallo"). Hier üben sie das Abwarten und Abgeben ein. Sich so ganz alleine vor der Gruppe zu präsentieren, liegt aber gerade in dieser Altersstufe nicht jedem Kind. Wer nicht mag, der muss natürlich auch nicht oder lässt sich von Ihnen helfen.

Fast alle Verse und Geschichten lassen sich als Fingerspiel oder als kleine Bewegungsgeschichte variieren. Anregungen dazu finden Sie jeweils direkt bei den Texten. Vielleicht schließen Sie ja an die Geschichten auch noch eine Gestaltungsidee an, indem Sie z. B. zur Geschichte „Eine Blume pflück' ich dir" Blumen aus Handabdrücken herstellen oder zu einigen Texten Fingerpuppen basteln.

Auf den nächsten Seiten finden Sie eine Beschreibung der Instrumente, die in den Klanggeschichten vorkommen. Daneben gibt es natürlich noch eine ganze Reihe weiterer Musikinstrumente, die für Kleinkinder geeignet sind und sich vielleicht in Ihrer Einrichtung befinden. Probieren Sie es doch einfach aus!

Die Auswahl der Instrumente

Instrumente für Kleinkinder müssen vor allem sicher und von der Handhabung her für diese Altersstufe geeignet sein. Nachfolgend finden Sie eine **Übersicht über alle Instrumente**, die in den Geschichten in diesem Buch vorkommen. Alle darin genannten Instrumente haben sich in der Praxis vielfach bewährt. Auf den ersten Blick mag Ihnen die große Zahl an unterschiedlichen Instrumenten vielleicht problematisch erscheinen, das ist sie aber gar nicht. Sie können nämlich ganz unkompliziert Instrumente untereinander austauschen, weglassen oder durch Alltagsmaterialien ersetzen. Wie? Auch das können Sie der nachfolgenden Tabelle entnehmen.

Instrument	So sieht es aus	So wird es gespielt	Damit können Sie es ersetzen
Glockenspiel	Metallplättchen auf einem Holzkorpus	wird mit einem Schlägel gespielt	Xylophon, Klangschale, Fingerzimbeln, Chimes
Handtrommel	Rahmen, der mit Fell bespannt ist	wird mit den Händen oder einem Filzschlägel gespielt	umgedrehte Pappkartons oder Plastikschüsseln
Holzblocktrommel	Hartholzblock mit lautem Klang	wird mit einem Holzschlägel gespielt; für Kleinkinder oft etwas schwierig, mit einer Hand festzuhalten; kann ersatzweise auf den Fußboden gestellt werden	jedes andere Holzinstrument (z. B. Röhrentrommel) oder Bausteine u. Ä., die vorsichtig aneinander geschlagen werden

Die Auswahl der Instrumente

Instrument	So sieht es aus	So wird es gespielt	Damit können Sie es ersetzen
Röhrentrommel	Holzinstrument in Röhrenform mit einem Griffteil in der Mitte	wird mit einem Holzschlägel gespielt; die beiden Seiten erzeugen unterschiedliche Töne	jedes andere Holzinstrument (z. B. Holzblocktrommel) oder Bausteine u. Ä., die vorsichtig aneinander geschlagen werden
Rührtrommel	hölzerner Boden, an dessen Rand unterschiedlich lange Holzplättchen senkrecht angebracht sind; mit und ohne Griff erhältlich	wird mit einem Holzschlägel gespielt bzw. „gerührt"	Plastikschüssel mit Kleinteilen darin (Vorsicht wegen Verschluckungsgefahr!) und Kochlöffel zum Rühren
Rassel	Gefäß mit Kleinteilen im Inneren, die beim Schütteln Geräusche machen	wird geschüttelt	selbst gefüllte Behälter, z. B. Überraschungsei-Kapseln mit Perlen; wegen der verschluckbaren Kleinteile ist hier allerdings besondere Vorsicht geboten
Glöckchen bzw. Schellenband	Holzgriff bzw. Lederband, das mit einem oder mehreren Glöckchen versehen ist	wird geschüttelt oder vorsichtig in die Handfläche geschlagen; einzelne Glöckchen, z. B. aus dem Bastelladen, sind ungeeignet (Verschluckungsgefahr, schwierige Handhabung)	Schellenstab oder -kranz, Spielzeug mit Glöckchen, Schlüsselbund

Die Auswahl der Instrumente

Instrument	So sieht es aus	So wird es gespielt	Damit können Sie es ersetzen
Klingende Stäbe	Holz- oder Kunststoffkorpus, auf dem eine Klangplatte aus Metall oder Holz liegt	wird mit einem Schlägel gespielt	Glockenspiel, Xylophon
Rakatak	röhrenförmiges Holzinstrument mit durchgestecktem, beweglichem Klöppel	wird geschüttelt (erfordert motorisches Geschick)	jedes andere Holzinstrument (z. B. Holzblocktrommel) oder Bausteine u. Ä., die vorsichtig aneinander geschlagen werden
Triangel	dreieckiges Metallinstrument, das an seiner Aufhängung gehalten werden und frei schwingen muss	wird mit einem Metallstab angeschlagen; für die Jüngsten oft zu schwierig, dann besser durch Chimes ersetzen	alle lang klingenden Instrumente, z. B. Metallophon, Fingerzimbeln, Chimes
Fingerzimbeln	gelochte Metallplättchen mit Schlaufen, an denen sie gehalten werden	werden aneinander geschlagen	alle lang klingenden Instrumente, z. B. Chimes, Glockenspiel, Klangschale
Chimes	Klangrohr aus Metall, das an einem Holzkörper befestigt ist	wird mit einem Schlägel gespielt	alle lang klingenden Instrumente, z. B. Triangel, Glockenspiel, Fingerzimbeln
Guiro	Ratschinstrument aus Holz	wird mit einem Stäbchen geratscht	Waschbrett, geriffelte Wasserflaschen

Klanggeschichten

Ich geh' gern in die Krippe

Text sprechen ...

Ich geh' gern in die Krippe –

eins, zwei, drei.

Da treff' ich meine Freunde –

eins, zwei, drei.

Wir spielen und wir lachen –

eins, zwei, drei.

Wir machen tolle Sachen –

eins, zwei, drei.

Text begleiten ...

Still sein.

Drei Schläge auf dem Instrument.

Still sein.

Drei Schläge auf dem Instrument.

Still sein.

Drei Schläge auf dem Instrument.

Still sein.

Drei Schläge auf dem Instrument.

Material
für jedes Kind ein Musikinstrument

Durchführung
Üben Sie zuerst mit den Kindern das dreimalige Schlagen auf das Instrument. Am einfachsten geht es, wenn Sie gemeinsam laut und deutlich mitzählen. Immer, wenn im Text die drei Zahlen vorkommen, spielen die Kinder sie mit.

Variation
Erfinden Sie ein einfaches Fingerspiel zum Text:

Ich geh' gern in die Krippe (*mit zwei Fingern „in die Krippe gehen"*)
Da treff' ich meine Freunde (*beide Daumen „treffen" sich als Freunde*)
usw.

Die Eins, Zwei und Drei zählen die Kinder jeweils mit drei Fingern ab.

Hier in unsrer Gruppe

Text sprechen ...

Wir machen Musik

hier in unsrer Gruppe.

Wir essen Frühstück

hier in unsrer Gruppe.

Wir spielen Ball

hier in unsrer Gruppe.

Wir kuscheln und wir schlafen

hier in unsrer Gruppe.

Text begleiten ...

Still sein.

Auf den Instrumenten spielen.

Still sein.

Auf den Instrumenten spielen.

Still sein.

Auf den Instrumenten spielen.

Still sein.

Auf den Instrumenten spielen.

Material

für jedes Kind ein Instrument

Durchführung

Die Kinder begleiten jeweils die Zeile „hier in unsrer Gruppe" auf ihren Musikinstrumenten. Da muss man gut aufpassen, wann man an der Reihe ist.

Variation

Erweitern Sie den Text um Dinge, die in Ihrer Gruppe gemacht werden.

Variation für Könner

Sprechen Sie einzelne Kinder namentlich an, die dann auf ihrem Instrument spielen:

Anne macht Musik
hier in unsrer Gruppe. *(Anne spielt.)*

Paul isst Frühstück
hier in unsrer Gruppe. *(Paul spielt.)*   usw.

Halli-halli-hallo

Text sprechen ...

Wir wollen uns begrüßen:

„Halli-halli-hallo!"

Wir wollen uns begrüßen.

Begrüßen, das geht so:

Bennet sagt uns guten Tag.

„Hallo, lieber Bennet!

Halli-halli-hallo!"

Text begleiten ...

Im Rhythmus klatschen.

Bennet geht in die Mitte und spielt einige Töne auf dem Glockenspiel.

Im Rhythmus klatschen.

Durchführung

Jedes Kind wird einzeln mit Namen begrüßt. Es darf in die Mitte gehen und einige Töne auf dem Glockenspiel spielen. Anschließend reicht es den Schlägel an das nächste Kind weiter.

Tipp

Verwenden Sie diese Spielform nur, wenn alle Kinder bereits eingewöhnt und mit der Gruppe vertraut sind. Wer nicht in die Mitte gehen mag, kann stattdessen zum Beispiel vom Platz aus allen zuwinken.

Variation

Für sehr junge Kinder oder neu zusammengesetzte Gruppen lassen Sie die Stelle mit dem einzelnen Namen am besten einfach weg und sagen stattdessen „Hallo, liebe Kinder, hallo, liebe Kinder".

Material

ein Glockenspiel mit Schlägel, das in der Kreismitte steht

Tschüss, bis morgen!

Text sprechen ...

Für heute, für heute

ist Schluss, ihr lieben Leute.

Die Zeit mit euch war schön.

Jetzt woll'n wir alle geh'n.

Tschüss, bis morgen (bis Montag, bis später).

Text begleiten ...

Im Metrum auf den Instrumenten spielen.

Von Wort zu Wort langsamer spielen und sprechen.

Wieder im Tempo spielen und sprechen.

Einen „Trommelwirbel" auf den Instrumenten spielen.

Durchführung

Die Kinder spielen einen gleichmäßigen Rhythmus auf ihren Musikinstrumenten. Die Zeile „Die Zeit mit euch war schön" wird durch das verlangsamte Tempo besonders betont.

Variation

Der Vers eignet sich auch gut als kleines Ritual zum Aufräumen der Instrumente. Sprechen Sie dann statt der Zeile „Jetzt woll'n wir alle geh'n" den Text: „Die Rassel (Trommel, Triangel usw.) darf jetzt geh'n ..."

Die Kinder, die das genannte Instrument in der Hand haben, bringen es zurück an seinen Platz. Ist dies wegen der unterschiedlichen Instrumentennamen für Ihre Kinder noch zu schwierig, so können Sie stattdessen die Kinder mit Namen ansprechen: „Die Lisa darf jetzt geh'n." (Lisa bringt ihr Instrument weg.)

Material

für jedes Kind ein beliebiges Musikinstrument

Ich steige auf die Rutsche

Text sprechen ...

Ich steige auf die Rutsche,

hoch und immer höher.

Dann sause ich herunter.

Hui, das macht Spaß.

Text begleiten ...

Auf dem Glockenspiel einen Ton nach dem anderen aufwärts spielen.

Mit dem Schlägel das Glockenspiel hinabgleiten. (Glissando)

Ich steige auf die Rutsche

Material

ein Glockenspiel mit Schlägel, das in der Kreismitte steht

Durchführung

Die Kinder sitzen im Kreis. Nacheinander gehen sie in die Mitte und begleiten den kurzen Vers mit dem Glockenspiel. Wer gerade nicht an der Reihe ist, macht Bewegungen zum Text:

Hinaufsteigen: mit zwei Fingern in der Luft immer höher „gehen".
Heruntersausen: mit der ganzen Hand eine gleitende Abwärtsbewegung durch die Luft machen.

Das Kind, das das Glockenspiel gespielt hat, gibt den Schlägel an ein anderes weiter.

Variation

Wenn Ihnen ein Klavier oder ein Keyboard zur Verfügung steht, können Sie es gut bei diesem Spiel einsetzen. Die Kinder „steigen" die Tasten nacheinander hoch und gleiten dann mit der ganzen Hand abwärts.

Auf und nieder

Text sprechen ...

Wir schaukeln hin,

wir schaukeln her.

Das Schaukeln ist doch gar nicht schwer.

Auf und nieder,

immer wieder,

wir schaukeln hin und her.

Text begleiten ...

Mit der einen Hand auf den Klingenden Stab schlagen.

Mit der anderen Hand auf den Klingenden Stab schlagen.

Mit der einen Hand auf den Klingenden Stab schlagen.

Mit der anderen Hand auf den Klingenden Stab schlagen.

Mit der einen Hand auf den Klingenden Stab schlagen.

Mit der anderen Hand auf den Klingenden Stab schlagen.

Durchführung

Die Kinder „schaukeln", indem sie abwechselnd mit der linken und mit der rechten Hand auf ihr Instrument schlagen. Dieses Spiel erfordert sehr viel motorisches Geschick und ist eher für die Älteren geeignet.

Tipp

Wenn Sie nicht für jedes Kind zwei Klingende Stäbe zur Verfügung haben, können Sie auch zwei Instrumente in die Mitte legen. Es darf dann immer ein Kind in die Mitte und darauf spielen. Natürlich können sich auch zwei Kinder in der Mitte abwechseln.

Variation

Nehmen Sie ein Kind auf den Schoß und sprechen Sie den Vers. Dabei schaukeln Sie das Kind wie im Text angegeben.

Material

für jedes Kind zwei Klingende Stäbe und zwei Schlägel

Alle großen Krippenkinder

Text sprechen ...

Alle großen Krippenkinder

zappeln wild und quietschvergnügt,

zappeln hin und zappeln her,

bis jedes Kind am Boden liegt.

Text begleiten ...

Mit den flachen Händen über das Trommelfell reiben.

Mit den Fingern auf dem Trommelfell zappeln.

Mit den Fingern auf dem Trommelfell nach links und rechts zappeln.

Schneller werden und dann plötzlich die Hände von der Trommel „herunterfallen" lassen.

Alle großen Krippenkinder

Durchführung

Die Kinder sitzen auf dem Boden und legen sich die Trommel auf den Schoß. Sie vollziehen die im Text angegebenen Bewegungen mit den Fingern auf der Trommel nach.

Variation

Dieser Vers eignet sich auch gut als Bewegungsspiel. Stellen Sie sich zusammen mit den Kindern in einen Kreis und zappeln Sie mit dem ganzen Körper wie im Text angegeben. Am Schluss lassen sich alle vorsichtig zu Boden fallen.

Material

für jedes Kind eine Handtrommel

Kommt, wir wollen singen

Text sprechen ...

Kommt, wir wollen singen,

singen, singen.

Kommt, wir wollen singen,

drehen uns im Kreis.

Kommt, wir wollen tanzen,

tanzen, tanzen.

Kommt, wir wollen tanzen,

drehen uns im Kreis.

Text begleiten ...

Glöckchen im Metrum spielen.

Rassel im Metrum spielen.

Kommt, wir wollen singen

Durchführung

Teilen Sie die Kinder in zwei Gruppen. Eine Gruppe spielt die Glöckchen bei dem Wort „tanzen", die zweite Gruppe die Rasseln bei dem Wort „singen".

Variation

Erfinden Sie eine einfache Melodie zum Text und singen Sie sie den Vers mit den Kindern. Bei „drehen uns im Kreis" dreht sich jeder einmal um sich selbst.

Material

für die eine Hälfte der Kinder Rasseln und für die andere Hälfte Glöckchen

Ein kleiner, bunter Schmetterling

SCHMETTERLING UND KÄFER

Text sprechen ...

Ein kleiner, bunter Schmetterling,

ein kleines, buntes Flatterding

hat Flügel, eins und zwei.

Ein kleiner, bunter Schmetterling,

ein kleines, buntes Flatterding

flog gerad an mir vorbei.

Text begleiten ...

Einmal auf den Klingenden Stab schlagen.

Einmal auf den Klingenden Stab schlagen.

Zweimal auf den Klingenden Stab schlagen.

Einmal auf den Klingenden Stab schlagen.

Einmal auf den Klingenden Stab schlagen.

Zweimal auf den Klingenden Stab schlagen.

Durchführung
Die Kinder schlagen in jeder Zeile einmal bzw. zweimal auf ihr Instrument.

Variation
Nutzen Sie den Vers einmal für ein Bewegungsspiel: Einige Kinder verwandeln sich in Schmetterlinge, die zum Spiel der anderen durch den Raum fliegen. Danach wird gewechselt.

Tipp
Besonders gut fliegt es sich, wenn man in jeder Hand ein Chiffontuch als Flügel hält.

Material
für jedes Kind einen Klingenden Stab mit Schlägel

Es war einmal ein Käferlein

Text sprechen ...

Es war einmal ein Käferlein,

das wollte nicht alleine sein.

Es breitete die Flügel aus

und flog weit in die Welt hinaus.

Dort fand es noch ein Käferlein,

das wollte nicht alleine sein.

Nun fliegen sie zu zweien.

Text begleiten ...

Im Metrum das Glöckchen spielen.

Durchführung

Die Kinder sitzen im Kreis und begleiten den Text mit den Glöckchen im Grundschlag. Eines hat kein Instrument und ist der Käfer. Es fliegt im Kreis herum und sucht sich dann einen zweiten Käfer aus. Beide fliegen eine Runde durch den Kreis, dann setzt sich der erste Käfer zu den Instrumentenkindern und das Spiel beginnt von vorne.

Material

für jedes Kind ein Glöckchen, vorzugsweise mit einem Griff, alternativ ein Schellenband

Im Galopp

Text sprechen …

Hopp, hopp, hopp,

wir reiten im Galopp.

Die Hufe unsrer Pferde,

die donnern auf der Erde.

Hopp, hopp, hopp,

wir reiten im Galopp.

Text begleiten …

Gleichmäßig im Metrum spielen.

Durchführung

Die Kinder halten die Holzblocktrommeln mit einer Hand fest und spielen im Metrum zum Vers. Wer das Instrument noch nicht alleine halten kann, stellt es vor sich auf den Boden.

Variation

Begleiten Sie den Text einmal mit Bewegungen: Zunächst stampfen alle gemeinsam nur langsam mit den Füßen und werden dann zur Versmitte hin immer schneller. Mit den Händen kann dabei das Halten der Zügel angedeutet werden. Dann, zum Ende des Verses, wird das Stampfen wieder langsamer.

Material

für jedes Kind eine Holzblocktrommel

Der Esel macht I-Ah

Text sprechen …

Der Esel macht „I-Ah".

Der Esel macht „I-Ah".

Er klappert mit den Füßen,

als wollte er uns grüßen.

Der Esel macht „I-Ah".

Text begleiten …

Klingenden Stab spielen.

Klingenden Stab spielen.

Holzblocktrommel spielen.

Holzblocktrommel spielen.

Klingenden Stab spielen.

Der Esel macht I-Ah

Durchführung

Teilen Sie die Kinder in zwei Gruppen. Die eine macht „I-Ah" auf den Klingenden Stäben, die andere spielt die klappernden Hufe auf den Holzblocktrommeln.

Tipp

Bei sehr jungen Kindern können Sie selbst eines der Instrumente übernehmen.

Variation

Begleiten Sie den Vers mit Bewegungen:
Der Esel macht „I-Ah". *(mit den Händen die Eselsohren andeuten und den Kopf wiegen)*
Er klappert mit den Füßen, *(mit den Füßen trampeln)* als wollte er uns grüßen. *(winken)*
Der Esel macht „I-Ah". *(mit den Händen die Eselsohren andeuten und den Kopf wiegen)*

Material

für die eine Hälfte der Kinder Klingende Stäbe mit Schlägeln und für die andere Hälfte Holzblocktrommeln

Zwei klitzekleine Miezekatzen

Text sprechen ...

Zwei klitzekleine Miezekatzen schleichen leis' auf ihren Tatzen.

Zur gleichen Zeit im Mäusehaus raschelt fröhlich eine Maus.

Die Katzen steh'n vorm Mäusehaus,

doch das Mäuschen kommt nicht raus.

Da schleichen sich die Miezekatzen wieder fort auf ihren Tatzen.

Und die Maus, die freut sich sehr und winkt den Katzen hinterher.

Text begleiten ...

Leise Töne auf dem Glockenspiel.

Rasseln.

Leise Töne auf dem Glockenspiel.

Rasseln.

Leise Töne auf dem Glockenspiel.

Rasseln.

Zwei klitzekleine Miezekatzen

Durchführung
Die Erzieherin spielt die Katzen. Sie benutzt dazu das Glockenspiel. Die Rasseln der Kinder symbolisieren die Maus.

Variation
Machen Sie aus dem Vers ein Bewegungsspiel: Die Kinder sitzen im Kreis und spielen die schleichenden Katzen und die trippelnde Maus mit entsprechenden Bewegungen nach.

Tipp
Hier bietet sich der Einsatz von Handpuppen an, mit denen Sie den Vers gut nachspielen können.

Material
ein Glockenspiel mit Schlägel, für jedes Kind eine Rassel

Die Mi-, die Ma-, die Mausemaus

Text sprechen ...

Die Mi-, die Ma-, die Mausemaus,

die sitzt im Mauseloch.

Die Mi-, die Ma-, die Mausemaus,

die sitzt da immer noch.

Die Mi-, die Ma-, die Mausemaus,

die mag so gerne Speck.

Die Mi-, die Ma-, die Mausemaus,

die ist auf einmal weg.

Text begleiten ...

Glöckchen spielen.

Glöckchen stillhalten.

Glöckchen spielen.

Glöckchen stillhalten.

Glöckchen spielen.

Glöckchen stillhalten.

Glöckchen spielen.

Glöckchen hinter dem Rücken verstecken.

Die Mi-, die Ma-, die Mausemaus

Durchführung

Die Kinder üben anhand des Verses den Wechsel zwischen Spielen und Stillhalten. Probieren Sie ruhig zunächst gesondert, immer bei „Die Mi-, die Ma-, die Mausemaus" zu klingeln und dann die Instrumente wieder festzuhalten.

Variation

Bilden Sie mit den Kindern einen Kreis und stellen Sie den Vers mit Bewegungen dar. Bei „Die Mi-, die Ma-, die Mausemaus" gehen Sie auf der Stelle, jeweils in der folgenden Zeile bleiben Sie still stehen oder hocken. Am Schluss verstecken Sie die Hände hinter dem Rücken.

Material

für jedes Kind ein Glöckchen oder ein Schellenband

Der große Baum vor unserm Haus

Text sprechen ...

Der große Baum vor unserm Haus,

der breitet weit die Zweige aus.

Sie wiegen sich im Wind,

weit oben in den Ästchen.

Da, in dem Vogelnestchen,

da sitzt ein Vogelkind.

Text begleiten ...

Schellen im Metrum spielen.

Schellen über den Kopf halten und hin und her bewegen.

Schellen im Metrum spielen.

mit den Armen als Flügel schlagen, dabei die Schellen weiter festhalten.

Der große Baum vor unserm Haus

Material
für jedes Kind ein Schellenband

Durchführung
Die Kinder sitzen auf dem Boden und führen mit dem Schellenband in der Hand die im Text angegebenen Bewegungen aus.

Variation
Spielen Sie den Vers als Bewegungsspiel:
Der große Baum *(Arme über den Kopf strecken)*
vor unserm Haus, *(Hände zeigen ein Dach)*
der breitet weit die Zweige aus. *(Arme weit vom Körper strecken und die Finger spreizen)*
Sie wiegen sich im Wind, *(Arme hin und her wiegen)*
weit oben in den Ästchen. *(mit dem Finger hoch in die Luft zeigen)*
Da in dem Vogelnestchen, *(mit den Händen ein Nest andeuten)*
da sitzt ein Vogelkind. *(auf den Boden hocken und ganz klein machen)*

Eine Blume pflück' ich dir

Text sprechen ...

Eine Blume pflück' ich dir.

Ich möchte sie dir schenken.

Eine Blume pflück' ich dir,

denn du sollst an mich denken.

Eine Blume pflück' ich dir,

die Blume, die ist rot.

Eine Blume pflück ich dir.

Die Blume duftet gut.

Text begleiten ...

Triangel spielen.

Still sein.

Triangel spielen.

Still sein.

Triangel spielen.

Still sein.

Triangel spielen.

Still sein.

Eine Blume pflück' ich dir

Durchführung

Die Kinder begleiten die Zeile „Eine Blume pflück ich dir" auf der Triangel und halten diese an den anderen Stellen still. Zeigen Sie ihnen, dass sie den Ton anhalten können, indem sie die Triangel am Metall festhalten.

Tipp

Jüngere Kinder kommen besser mit den Chimes zurecht.

Variation

Die Kinder können den Text auch pantomimisch nachspielen.

Material

für jedes Kind eine Triangel mit Schlägel (für jüngere Kinder Chimes)

Apfel und Banane

Text sprechen ...

Apfel und Banane

mögen alle gern.

Apfel und Banane,

die Damen und die Herrn.

Apfel und Banane,

die sind so gesund.

Apfel und Banane,

die steck ich in den Mund.

Text begleiten ...

Holzblocktrommel im Rhythmus spielen.

Still sein.

Holzblocktrommel im Rhythmus spielen.

Still sein.

Holzblocktrommel im Rhythmus spielen.

Still sein.

Holzblocktrommel im Rhythmus spielen.

Still sein.

Durchführung

Wie im Text angegeben, spielen die Kinder im Rhythmus auf ihren Instrumenten und halten sie an den entsprechenden Stellen still.

Tipp

Der Vers eignet sich gut als Tischspruch.

Material

für jedes Kind eine Holzblocktrommel

Obstsalat

Text sprechen ...

Wir schneiden einen Apfel klein.

Der kommt in unsre Schüssel rein.

Wir schneiden 'ne Banane klein.

Die kommt in unsre Schüssel rein.

Wir schneiden 'ne Orange klein.

Die kommt in unsre Schüssel rein.

Dann rühren, dann rühren

und dann einmal probieren.

Das ist unser Obstsalat. Mmmhh!

Text begleiten ...

Ratschen.

Still sein.

Ratschen.

Still sein.

Ratschen.

Still sein.

Auf dem Guiro „rühren".

Ratschen.

Mit dem Stäbchen auf dem Guiro trommeln.

Durchführung

Die im Text genannten Bewegungen werden mit dem Stäbchen auf dem Instrument nachempfunden.

Tipp

Sprechen Sie den Vers, wenn Sie gerade echten Obstsalat zubereiten.

Variation

Die Kinder spielen den Text pantomimisch nach: Mit der Hand als Messer das Obst zerteilen und in die Schüssel geben, umrühren und probieren.

Material

für jedes Kind ein Guiro mit Stäbchen

Meine kleine Puppe

Text sprechen …

Meine kleine Puppe,

die hat ein Puppenbett

und einen Puppenwagen

und auch ein Puppenhaus

und einen Puppenschrank

mit lauter Puppenkleidern.

Ich bin die Puppenmutter.

Text begleiten …

Immer das Wort „Puppe" begleiten.

Material

für jedes Kind ein beliebiges Musikinstrument

Durchführung

Die Kinder begleiten das Wort „Puppe" mit ihren Instrumenten. Sprechen Sie daher den Text besonders langsam und deutlich und betonen Sie das Signalwort.

Variation

Die Kinder können die im Text genannten Puppen-gegenstände auch mit den Händen darstellen:

Puppe: pantomimisch ein Baby wiegen.
Puppenbett: pantomimisch schlafen.
Puppenwagen: mit den Händen einen imaginären Puppenwagen schieben.
Puppenhaus: die Hände über dem Kopf zum Dach formen.
Puppenschrank: pantomimisch einen Schrank öffnen.
Puppenkleider: mit den Händen einen Rock andeuten und sich im Kreis drehen.

Schau mal, was mein Teddy kann

Text sprechen ...

Schau mal, was mein Teddy kann:

Er wackelt mit den Armen.

Er wackelt mit den Beinen,

dann wieder mit den Armen

und wieder mit den Beinen,

dann mit dem ganzen Körper.

Das macht dem Teddy Spaß.

Text begleiten ...

Das Instrument in Kopfhöhe halten und darauf spielen.

Das Instrument Richtung Boden halten und darauf spielen.

Das Instrument in Kopfhöhe halten und darauf spielen.

Das Instrument Richtung Boden halten und darauf spielen.

Das Instrument vor dem Körper bewegen und darauf spielen.

Hüpfen.

Schau mal, was mein Teddy kann

Durchführung

Spielen Sie dieses Spiel im Stehen. Sie selbst „dirigieren" die Kinder mit dem Teddybären, indem Sie je nach Text dessen Arme, Beine und schließlich den ganzen Körper bewegen. Vielleicht kann der Teddy dabei auch ein Instrument halten.

Die Kinder vollziehen die Bewegungen mit ihren Instrumenten nach. Am Schluss hüpfen sie. Wer kann dabei noch Musik machen?

Variation

Spielen Sie das Spiel ohne Instrumente nur mit den entsprechenden Bewegungen. So eignet es sich auch gut als kleine Auflockerung für zwischendurch.

Material

für jedes Kind ein Instrument, das sich mit einer Hand spielen lässt (z. B. Rassel), einen Teddybären

Im Kreis herum

Text sprechen ...

Der Kreisel dreht sich im Kreis herum.

Zuerst dreht er sich ganz schnell,

noch schneller,

immer schneller.

Jetzt wird der Kreisel langsamer

und langsamer,

noch langsamer,

und schließlich fällt er um. Bumm!

Text begleiten ...

In der Rührtrommel rühren.

Schneller werden.

Noch schneller werden.

Langsamer rühren.

Noch langsamer werden.

Sehr langsam rühren.

Einen einzelnen lauten Schlag auf der Außenseite der Rührtrommel machen.

Durchführung

Die Kinder rühren je nach Text zuerst schnell und dann immer langsamer in der Rührtrommel herum.

Variation

Die Kinder stehen im Kreis und fassen sich an den Händen. Gemeinsam drehen sie sich erst schnell, dann immer langsamer. Den größten Spaß macht der Schluss, wenn alle (vorsichtig) umfallen.

Variation für Könner

Die Kinder versuchen, eine Murmel oder einen kleinen Flummi in der Rührtrommel kreisen zu lassen. Dafür muss man sehr geschickt sein.

Material

für jedes Kind eine Rührtrommel, vorzugsweise mit Griff

Mein Ball

Text sprechen …

Ich habe einen roten Ball.

Schau mal, wie der springt:

einmal

und noch einmal

und noch einmal.

Jetzt macht mein Ball viele kleine Hüpfer,

und dann bleibt er liegen.

Text begleiten …

Einmal auf den Klingenden Stab schlagen.

Einmal auf den Klingenden Stab schlagen.

Einmal auf den Klingenden Stab schlagen.

Mehrmals schnell hintereinander auf den Klingenden Stab schlagen.

Einmal auf den Klingenden Stab schlagen, dann mit der anderen Hand die Klangplatte festhalten, sodass der Ton abstoppt.

Durchführung

Die Kinder versuchen, nur einzelne gezielte Schläge auf der Klangplatte ihres Instruments zu machen. Am Schluss stoppen sie den Ton mit der Hand ab.

Variation

Lassen Sie wirklich einen Ball leicht aufspringen. Solange er hüpft, klingen auch die Instrumente. Bleibt der Ball liegen, hören die Geräusche auf. Besonders für junge Kinder ist diese Verknüpfung mit den visuellen Reizen wichtig, um das Klangbild nachvollziehen zu können.

Material

für jedes Kind einen Klingenden Stab mit Schlägel

Das ist mein Gesicht

Text sprechen ...

Das ist mein Gesicht.

Ein andres hab ich nicht.

Habe einen Kopf ganz rund

und auch einen roten Mund,

eine Nase ist dabei,

und von den Augen hab ich zwei.

Und zwei schöne kleine Ohren,

mit alledem bin ich geboren.

Text begleiten ...

„Gesicht" begleiten.

„Kopf" begleiten.

„Mund" begleiten.

„Nase" begleiten.

„Augen" begleiten.

„Ohren" begleiten.

Durchführung

Die Kinder begleiten auf ihren Instrumenten nur die Wörter, die mit dem Gesicht zu tun haben. Beim restlichen Text bleiben die Instrumente still. Damit es leichter wird, sollten Sie besonders deutlich sprechen und an den entsprechenden Stellen hörbar langsamer werden.

Variation

Spielen Sie das Spiel ohne Instrumente als Bewegungsspiel, indem jedes Kind jeweils den genannten Körperteil vorsichtig bei sich selbst berührt.

Tipp

Singen Sie anschließend ein Körperlied, z. B. „Meine Hände sind verschwunden".

Material

für jedes Kind ein Musikinstrument

Mit Händen und Füßen

Text sprechen ...

Wir klatschen in die Hände.

Die Füße klatschen auch.

Wir winken mit den Händen.

Die Füße winken auch.

Wir streicheln mit den Händen.

Die Füße streicheln auch.

Wir trommeln mit den Händen.

Die Füße trommeln auch.

Text begleiten ...

Triangel spielen.

Trommel spielen.

Triangel spielen.

Trommel spielen.

Triangel spielen.

Trommel spielen.

Triangel spielen.

Trommel spielen.

Durchführung

Die Kinder spielen bei diesem Spiel die Trommeln und begleiten damit alles, was die Füße machen. Sie selbst spielen die Triangel und begleiten alles, was die Hände machen. So entsteht eine Art Frage- und Antwortspiel: Zuerst erklingt die Triangel, dann erklingen die Trommeln.

Variation

Auf dem Boden im Kreis sitzend können die Kinder den Vers auch mit den angegebenen Bewegungen begleiten.

Material

eine Triangel, für jedes Kind eine Trommel

Wer hier etwas Grünes hat

Text sprechen ...

Wir spielen, wir spielen

und tanzen hier im Kreis,

und wer von uns was Grünes hat,

der spielt jetzt einmal leis'.

Text begleiten ...

Alle spielen auf ihren Instrumenten.

Instrumente stillhalten und sich einmal im Kreis drehen.

Suchend umschauen.

Alle Kinder mit grüner Kleidung spielen auf ihren Instrumenten.

Wer hier etwas Grünes hat

Durchführung

Sprechen Sie den Vers mehrmals und setzen Sie immer andere Farben ein. Die Kinder, die die genannte Farbe an der Kleidung haben, dürfen alleine auf ihrem Instrument spielen.

Variation für Könner

Statt der Farben können Sie bei älteren Kindern auch andere Merkmale einsetzen: „… und wer hier blonde Haare hat, …", „… und wer hier gerne Nudeln isst, …" oder „… und wer hier eine Schwester hat, …" usw.

Material

für jedes Kind ein beliebiges Musikinstrument

Rot und Grün

Text sprechen …

Die Tomate ist rot.

Die Gurke ist grün.

Die Kirsche ist rot.

Der Salat ist grün.

Die Erdbeere ist rot.

Das Gras ist grün.

Die Melone ist rot.

Der Brokkoli ist grün.

Text begleiten …

Die erste Gruppe spielt.

Die zweite Gruppe spielt.

Die erste Gruppe spielt.

Die zweite Gruppe spielt.

Die erste Gruppe spielt.

Die zweite Gruppe spielt.

Die erste Gruppe spielt.

Die zweite Gruppe spielt.

Durchführung

Teilen Sie die Kinder in zwei Gruppen auf. Legen oder hängen Sie gut sichtbar für alle Kinder ein rotes Tuch zu der einen und ein grünes Tuch zu der anderen Gruppe. Jede Gruppe bekommt eine Sorte Instrumente und spielt immer die Zeile mit, in der ihre Farbe genannt wird.

Variation

Suchen Sie mit den Kindern gemeinsam noch mehr Dinge, die rot oder grün sind und erweitern Sie den Text. Probieren Sie auch einmal andere Farben aus, z. B. Blau und Gelb oder Schwarz und Weiß. Auch weitere Gegensatzpaare (z. B. groß und klein, hart und weich, rund und eckig) lassen sich gut musikalisch umsetzen.

Material

zwei verschiedene Sorten Instrumente, die sich deutlich unterscheiden, je ein Tuch in Rot und Grün

Pitsche-patsch, es regnet

Text sprechen …

Text begleiten …

Text sprechen …	Text begleiten …
Pitsche-patsch, es regnet.	Holzblocktrommel spielen.
Die Straße wird ganz nass.	Stillhalten.
Pitsche-patsch, es regnet.	Holzblocktrommel spielen.
Die Wiese wird ganz nass.	Stillhalten.
Pitsche-patsch, es regnet.	Holzblocktrommel spielen.
Das Dach, das wird ganz nass.	Stillhalten.
Pitsche-patsch, es regnet.	Holzblocktrommel spielen.
Wir alle werden nass.	Die Hände als Regenschirm über den Kopf halten und sich ducken.

Durchführung

Die wiederkehrende Zeile „Pitsche-patsch, es regnet" wird von den Kindern mit den Holzblocktrommeln begleitet. Besonders viel Spaß macht es, wenn Sie ganz am Ende, wenn alle Kinder „nass" werden, gemeinsam laut rufen: „Iiiih, wir sind nass!"

Variation

Spielen Sie einfache Bewegungen zum Text:
Pitsche-patsch, es regnet. *(zweimal klatschen dann mit den Fingern Regentropfen andeuten)*
Die Straße wird ganz nass. *(pantomimisch autofahren)*
Die Wiese wird ganz nass. *(mit den Fingern Gras symbolisieren)*
Das Dach, das wird ganz nass. *(mit den Händen ein Dach formen)*
Wir alle werden nass. *(sich hinhocken und ducken)*

Material

für jedes Kind eine Holzblocktrommel

Schaut mal, wie es schneit

SCHNEE UND REGEN

Text sprechen ...

Schaut mal, wie es schneit.

Die weißen Flocken fliegen

und bleiben alle liegen.

Schaut mal, wie es schneit.

Text begleiten ...

Leise auf den Instrumenten spielen.

Die Instrumente auf den Boden legen.

Leise auf den Instrumenten spielen.

Schaut mal, wie es schneit

Material

Instrumente mit langem Klang (z. B. Glockenspiel, Fingerzimbeln oder Chimes)

Durchführung

Besprechen Sie mit den Kindern, dass sie versuchen sollen, ganz leise auf den Instrumenten zu spielen, weil der Schnee ja auch ganz leise vom Himmel fällt. In der dritten Zeile legen alle ihre Instrumente vor sich auf den Boden. Machen Sie hier eine längere Pause.

Tipp

Der Vers eignet sich auch gut als Fingerspiel: Die Finger fallen als Schneeflocken vom Himmel, die flachen Hände bleiben liegen.

Variation

Die Kinder verwandeln sich selbst in Schneeflocken, die zuerst fliegen und dann liegenbleiben. Freude haben die Kinder auch daran, mit weißen Chiffon-tüchern Schneeflocken zu spielen.

Wir fahren mit dem Auto

Text sprechen ...	Text begleiten ...
Wir fahren mit dem Auto von hier bis nach Berlin.	Im Rhythmus klatschen.
Wir fahren mit dem Auto, da woll'n wir alle hin.	Im Rhythmus auf die Oberschenkel patschen.
Einsteigen, anschnallen, Motor an, losfahren.	Pantomimisch Tür öffnen, Gurt anlegen, Schlüssel drehen, Lenkrad halten.
Brumm, brumm, brumm, die Räder dreh'n sich rum.	Die Hände flach aneinanderlegen und kreisende Bewegungen machen.
Wir fahren mit dem Auto von hier bis nach Berlin.	Im Rhythmus klatschen.

Durchführung

Die Kinder begleiten den Text hier wie angegeben einmal mit Körperinstrumenten.

Variation

Mit Musikinstrumenten, die im Metrum gespielt werden, kann der Vers natürlich auch begleitet werden.

Material

keins

Fahrrad fahren

Text sprechen …

Fahrrad fahren, Fahrrad fahren,

langsam fahren, Fahrrad fahren,

schneller fahren, Fahrrad fahren,

schneller, schneller Fahrrad fahren,

ganz schnell fahren, Fahrrad fahren,

und dann wieder langsamer und noch etwas langsamer

und noch etwas langsamer,

und wir bleiben steh'n.

Text begleiten …

In der Rührtrommel rühren.

Langsam rühren.

Schneller rühren.

Noch schneller rühren.

Ganz schnell rühren.

Langsamer werden.

Noch langsamer werden.

Still sein.

Durchführung

Die Kinder rühren wie im Text angegeben schneller und langsamer in der Rührtrommel. Achten Sie darauf, dass Sie nicht zu schnell beginnen, sonst wird es schwierig, schneller zu werden.

Variation

Dieser Vers sorgt für Abwechslung auf dem Wickeltisch: Nehmen Sie die Beine des Kindes in die Hände und „fahren" Sie damit vorsichtig zum Text Fahrrad.

Material

für jedes Kind eine Rührtrommel, am besten eine mit Griff

Postfach 10 22 51 • 45422 Mülheim an der Ruhr
Telefon 030/89 785 235 • Fax 030/89 785 578

bestellungen@cornelsen-schulverlage.de
www.verlagruhr.de

Es gelten die Preise auf unserer Internetseite.

■ **Rituale-Lieder für die Kita**
von Aufräumen bis Zähneputzen
bis 6 J., 560 S., 17x 24 cm,
Paperback mit CD
ISBN 978-3-8346-0844-4
Best.-Nr. 60844
16,50 € (D)/17,– € (A)/27,90 CHF

■ **Kribbelverse für Krabbel-kinder**
Spiel- und Bewegungsreime zum Wickeln, Essen, Trösten, Lachen
71 S., 16 x 23 cm, Spiralbindung, farbig
ISBN 978-3-8346-0635-8
Best.-Nr. 60635
15,50 € (D)/16,– € (A)/26,20 CHF

■ **Guten Morgen, guten Morgen, wir winken uns zu!**
Singezeilen für Babys und Krippen-kinder
74 S., A5 quer, Spiralbindung, farbig, mit Audio-CD
ISBN 978-3-8346-0604-4
Best.-Nr. 60604
16,80 € (D)/17,30 € (A)/28,40 CHF

■ **Geschichtensäckchen**
Materialien für 1- bis 4-jährige Kinder
97 S., A5 quer, Spiralbindung, farbig
ISBN 978-3-8346-0475-0
Best.-Nr. 60475
17,50 € (D)/18,– € (A)/29,60 CHF

Keiner darf zurückbleiben